인생을 탁본하다

인생을 탁본하다

| 손순이 시집 |

도서출판 두손컴

| 시인의 말 |

어릴 때 해맑던 얼굴이 나이 들어가면서
희로애락의 주름이 깊어진다.
얼굴은 그 사람의 얼의 꼴이다.
수행하고 자연의 이치에 따라 사는 사람은
나이가 들어도
동자승처럼 해맑은 아름다움이 깃든다.
뒷모습에서도 아우라가 느껴진다.
내 인생을 탁본한 나의 얼굴은?
'웃으면 복이 와요'
항상 미소를 잃지 않고 살아야겠다.

2025년 계절의 여왕 오월
혜원 손 순 이

● 차례

시인의 말 · 5

에필로그 | 아이슬란드에 가다 _ 손순이 · 102

제1부

가야의 여인들

가야의 여전사	13
편두미인의 가야금 소리	14
허황옥 오시는 길에	15
가야의 며느리	16
회현동패총에서	17
금릉의 장군차	18
시간의 강을 건너다	19
칠점산 선녀	20
복숭아 단상	21
정견모주	22
가야금 소리	23
순장 소녀	24
여의낭자	25
가야는	26
허 시인	27

제2부

껴묻거리

망양로 아리랑고개	31
경로 대잔치	32
광안대교와 그 여자	33
천경자를 그리다	34
자갈치 '효' 가요제에서	35
서낙동강 사람들	36
하룻밤 묵계默契	37
자작나무숲	38
길 위에서의 사색	39
야외 문화콘서트	40
오월의 산사에서	41
낯선 그림자	42
하얀 실루엣으로	43
2월 서면거리에는	44
가족 단합대회	45

제3부

유랑하다가

길 위의 행복 1	49
길 위의 행복 2	50
길 위의 행복 3 - 꽃의 미소	51
길 위의 행복 4 - 백제의 미소	52
길 위의 행복 5 - 하늘재 눈길	53
길 위의 행복 6 - 이화령을 잇다	54
길 위의 행복 7 - 문경 토끼비리	55
길 위의 행복 8	56
길 위의 행복 9 - 그의 여인을 만나다	57
길 위의 행복 10	58
길 위의 행복 11 - 국민 가곡 보리밭	59
길 위의 행복 12 - 소원마패	60
길 위의 행복 13 - 외양포 사연들	61
길 위의 행복 14 - 가락산 국군묘지에서	62
길 위의 행복 15 - 제주도 살찐이	63

제4부

역사 속으로

역사 속으로 1 - 보각국사탑	67
역사 속으로 2 - 경주 신문왕릉	68
역사 속으로 3 - 경주 효공왕릉	69
역사 속으로 4	70
역사 속으로 5 - 신라의 여왕	71
역사 속으로 6 - 세심단속	72
역사 속으로 7 - 장미산성	73
역사 속으로 8 - 사도세자 아들	74
역사 속으로 9 - 금정장원길	75
역사 속으로 10 - 탐금대	76
역사 속으로 11 - 소산 전투	77
역사 속으로 12 - 천일각	78
역사 속으로 13 - 추사의 유배 생활	79
역사 속으로 14 - 추사의 또 다른 자화상	80
역사 속으로 15 - 제주 항파두리 항목유적	81

제5부

죽비소리

자명종 소리	85
쌍지팡이	86
현대인의 조각보	87
명호명상	88
49재	89
깨어나라	90
소소한 행복	91
포노 사피엔스	92
일상의 파수꾼	93
속셈	94
멋진 인생	95
들꽃	96
기억 속의 기도	97
달마산 바위	98
가이아	99
생을 탁본하다	100

1부

가야의 여인들

가야의 여전사

대성동 고분군 57호 무덤에서 발견한 것은
적진을 휘젓던 금관 가야국 여인의 용맹
꽃다운 여인 3명이 함께 묻혀 시중들고 있구나

죽음을 불사하는 결기로 자식을 떼어 놓고
전쟁터로 향한 여전사의 주인을
남자 순장자가 지키는 무덤도 있구나

머리맡 철제투구와 철로 만든 창과 칼
껴묻거리는 역사의 생생한 증언이 되었고
가야의 여전사 내게 슬쩍 투구를 씌워주네

활쏘기 불편하다는 이유로
오른쪽 가슴을 도려냈다는 아마존의 여전사
일신의 안위보다 나라 위한 그들의 용맹
역사가 엄연한데 어찌 연약한 여자라고 말하리

편두미인의 가야금 소리

태어나자마자 여리고 말랑한 이마에
부드러운 천으로 감싼 편편한 돌을 얹어
편두가 된 소녀는 가야금을 배웠다
그녀의 가야금 소리는 신비한 봉황의 노래
기웃대던 구름가슴 하얗게 부풀어 올랐다
신어천 물고기들 살이 통통 오르고
신어산 나무들은 뿌리를 깊게 내렸다
그 고운 손가락 움직일 때마다
금빛 햇살 춤추고 밤이면 달빛 흐느꼈다
칠점산 선인 안개 속의 몽환 거둬내고
가야의 앞날 훤히 꿰뚫는 혜안으로
왕께 하늘에서 내리신 진언을 아뢰었다

오랜 세월이 지난 후 초선대를 찾은 선인
편두미인의 가야금 소리 잡기 위해
침묵하는 눈빛으로 가이없는 허공을 오른다

허황옥 오시는 길에

인도 아유타국에서 김해 가야로 오실 때
머문 곳마다 두 마리 물고기 쌍어를 남겼다

최초의 인류 마누는 거대한 홍수가 나자
온갖 생물의 종자를 배에 실어 피신하려 했다
그때 자기가 도와준 미스트야 물고기가 나타나
산꼭대기에 그 배를 올려 은혜에 보답했다

신령스러운 물고기 신화를 가야에 전한 허황옥 님
수호의 신, 재물의 신, 다산과 풍요의 상징
쌍어의 신화는 은화사 뒤편 신어산에 모시고
오늘도 신어천 금빛 물결로 흘러가고 있다

가야의 며느리

시집 잘 와서 외국어를 배운 며느리
본인의 신분 상승과 자식들 앞날까지 탄탄대로였다

가야제국은 철 생산이 풍부해서 철제품을
일본에서 노예나 금 등을 받고 팔았다
일본 말 잘하여 권력을 쥔 관리는
시집온 며느리에게도 외국어 공부를 시켜
손자들 교육에 도움이 되게 했다

가야인들의 삶에 날개를 달아준
철갑옷 철창 등이 고분 속에 잠들었다가
1,600여 년 지나 발견되어 세상을 놀라게 한다
옛날 무덤이라고 뒷전에 밀려있던 가야 고분이
세계문화유산으로 등재되어 귀한 대접 받고 있다

회현동패총에서

뽀얀 엄마 젖처럼 탐스러운 굴 알맹이
아낌없이 주는 가야의 바다 덕분에
가야국 어디에도 배고픈 사람 없었으리
생활에서 나오는 쓰레기 한 톨 없었지만
조개껍데기는 한곳에 모아 버렸다
파도 소리 정겹고 평화스러운 바다에서
굴을 따서 식구들 먹거리 챙기던 아낙들
그 소박한 일상 켜켜이 쌓인 회현동패총

지금 우리는 후손들에게 지탄받을 욕망들
어쩌지 못하고 매일 쓰레기를 쌓고 있다
시대의 상황 때문에 공범이 되었으나
자연인 시청하며 원시생활 꿈 꾸길 다반사다

금릉*의 장군차

허황옥 님이 인도에서 가지고 온 장군차
가야 산신께 공손히 차 공양 올릴 때
백로 한 쌍도 두 손 모으며 동참했다지

고려 충렬왕이 '장군차'라는 이름 내리고
신라왕이 제사 지낼 때 장군차 귀히 올렸다는
당뇨와 다이어트에 효과적인 차

대성동 고분박물관에서 이쁜 가야 여인 만나고
맞은편 길가에서 이우환 님의 '무한 언덕'을 감상한다
오랜 세월과 무수한 공간의 여울로 맺어진 돌덩어리
고대 가야의 쇠붙이와 먼 나라의 나무 기둥
여기저기 입 모아 모두 가야의 언덕이라 하네

분산성에 올라가 아래를 내려다보니
아득한 그 옛날 허황후 님 오시던 바닷길
석양의 노을빛 낙동강 금릉길이 출렁이네

＊ 금릉: 김해를 아름답게 이르는 말

시간의 강을 건너다

봄바람에 살랑이던 여린 새싹들이
갈바람에 우수수 떨어져 바스락 밟힌다
나의 생명은 어디에서 흘러왔을까

지구가 생기고 네 번 있었던 큰 빙하기
마지막 빙하기는 260만 년 전
인간의 조상인 호모사피엔스는 200만 년 전 탄생
아프리카에서 살다가 120만 년 전에 신세계를 찾아
한반도 동쪽 가야까지 배를 타고 왔단다

돌을 깨어 밀개 긁개 망치돌로 사용하고
신석기 시대에는 빗살무늬 토기도 만들고
조가비 팔찌 만들어 멋을 내기도 했다
청동기 시대에는 청동 화살촉, 간 돌칼 사용하고
철의 왕국 가야 시대에는 철을 화폐처럼 사용해
낙랑과 대방, 왜에 수출하기도 했다

가을날 고향 김해로 찾아와
시간의 강을 건너 다시 돌아온 집
새싹 같은 손녀가 품에 안긴다

칠점산 선녀

이천여 년 전 김해공항 주변은 바다였다네
일곱 개의 섬이 점처럼 떠 있었고
섬마다 아리따운 선녀 살고 있어
거등왕께서 초선대에 칠점선인 초대하여
국정을 논할 때 칠선녀들 섬을 지켰네

그때 바다는 모래알로 채워지고
김해공항 주변에 조금 남아있는 칠점산 흔적
처음엔 군용기 이, 착륙에 사용되어
야간 착륙 시 낙동강 본류를 기준 삼았고
낙동강 하구에서는 서낙동강의 지류 평강천을
착륙 직전에는 가로를 뻗친 순아천을 보고 안심했다네

이젠 칠점산 주위에는 밤에도 불빛 휘황찬란하고
김해공항엔 세계 각국 사람들 북적거려
칠선녀 칠점선인은 전설 속에 숨어버렸네

복숭아 단상

전설 속 여신인 서왕모의 복숭아
동박삭이 훔쳐먹고 18만 살이나 살았는데
가야 여인도 복숭아 많이 먹고
죽어서도 영원히 살고 싶었나
대성동 고분군 덧널무덤에서 출토된 큰 항아리에
복숭아씨 30여 점 들어있었다

지인의 복숭아농장에 가면 맛있는 건
용케도 벌레가 먼저 알고 맛보아서
벌레 먹은 복숭아를 눈치 보지 않고 실컷 먹는다

복숭아는 사악한 기운 물리친다고 하여
제사상에는 올리지 않는단다

정견모주

가야산 깊은 골에 살던 착한 산신님
사람들에게 좋은 터전 만들어 주려고
밤낮으로 하늘에 소원 빌었더니
어느 날 꽃구름 타고 오신 하늘신을 맞아
물 맑고 공기 좋은 산속에서 서로 감응하였다

가야 산신 정견모주와 천신 이비가지 사이에
큰아들 뇌질주일이 태어나고
둘째 아들 뇌질청예가 태어났다
머리가 해와 같이 빛난 첫째는
대가야의 이진아시왕이 되고
얼굴이 하늘색처럼 푸른 둘째는
김해로 가서 금관가야의 수로왕이 되었다

대가야와 금관가야 건국 왕의 어머니
가야 산신 정견모주님의 원력 영원하소서

가야금 소리

여인의 치마폭에서 가야금 12줄이 울고 있다오
띵땅띵 당당 띵띵 당당당 뚜우웅-

대가야의 운명은 역사 속으로 사라지고
가야금은 신라의 궁중음악으로 수용되어
통일신라의 대표적인 악기로 사랑받았다네

위 판의 둥근 것은 하늘을 상징
밑판의 평편한 것은 땅을 상징
가운데가 빈 것은 천지와 사방
12줄 얹은 것은 1년 12달을 의미한다네

온 우주의 만물이 평화롭고 조화롭기를
기원하는 마음에서 만들어진 가야의 악기
지금 일본 왕실의 보물창고에서
홀로 설움에 울고 있는 가야금이라네

순장 소녀

송현동 고분군 속에 17세 소녀가 있었다
성장판이 닫히지 않은 어린 여인
무덤 주인이 누구길래 영원을 꿈꾸며
그를 따라 기꺼이 꽃다운 목숨 버렸는지

현세의 생활이 계속된다는 내세관으로
금동 장식 은제 허리띠와 길고 큰 칼 등
생활용품 먹거리 산 사람도 함께 묻힌
3~ 6세기에 유행한 순장 장례 풍습

그들의 순장은 생매장이었을까
독극물을 마시거나 둔기에 맞아 숨졌을까
인간이 얼마나 어리석고 잔인했는지

하긴 지금도 지구 곳곳에는 전쟁 중이다
무엇을 위해 누구를 위해
비인간적인 사태가 되풀이되는지

여의낭자

가락국 9대 겸지왕 때
황정승과 출정승은 사돈 맺자고 약속했다
황정승 집안이 몰락하자
출정승은 여의를 아들이라 거짓말하였다
황세와 여의는 같이 자랐는데
오줌 멀리 누기에서 여의는 삼대 줄기를 사용했다
황세가 해반천에서 멱 감자고 했을 때
여의는 하는 수 없이 여자임을 밝히고
둘은 영원한 사랑을 약속하였다
그러나 신라와의 전쟁에서 공을 세운 황세가
왕명을 받아 유민공주와 결혼하자
여의낭자는 황세를 그리워하다 죽고 말았다
황세 또한 상사병으로 세상을 떠났다

이런 슬픈 전설이 남아있는 봉황대를 오른다
'하늘 문이 열리고 그들의 사랑은 다시 이루어지리라'
한 조각가의 염원이 아린 마음을 쓰다듬는다

가야는

인도 비하르 주 중부에 있는 도시
시의 남쪽에 불교의 성지 부다가야가 있고
대한민국 가야산 아래 해인사가 있다

김해에는 금관가야 고령에는 대가야
고성에는 소가야, 진주에는 고령가야
함안의 아라가야, 성주의 성산가야 등
예전 부흥기엔 6가야가 있었다

가야국의 가실왕이 악사 우륵에게
만들라고 했던 가야금
우리나라 고유의 현악기인 가얏고는
오동나무로 길게 공명관을 만들고
그 위에 12줄을 매어 튕겨 소리를 냈다

가야, 가야, 가야
인도 가야, 우리나라 가야
세계문화유산으로 등재된 가야 고분
그 유산이 자랑스러워라

허 시인

허황후 후손이라 결이 다른 건지
어려운 예술인 후원도 하고
후배가 가방 좋아한다고 하니
본인 소지품은 비닐봉지에 넣고
슬며시 전해주는 무소유의 여인

옷과 가방 정리한다고 연락했길래
지인과 둘이 가서 나누어 보자기에 싼다
나도 필요한 것만 가지고 나눠야지
'아낌없이 주는 나무' 허 시인 닮아야지

친정 올케도 허 씨인데 시집와서
아들딸 낳고 시부모님 봉양 잘했으니
나도 한 집안의 맏며느리인데
허 씨 여인들 본받아 잘 살아야겠지

제2부

껴묻거리

망양로 아리랑고개

단디와 또띠가 반겨주는 성북시장
웹툰 거리로 꾸며져 있어 웹툰 체험의 장
단디는 개 캐릭터의 이름이고
또띠는 고양이 캐릭터의 이름이다
조심하고 똑똑하게 살라는 의미겠지

증산공원에 올라가 자성대의 모성
일본 왜성 증산성을 구경하다가 든 생각
자성대는 본디 부산진성이었는데
일본군이 증축하면서 바꾼 이름
부산진성 이름 되찾아 자존심 회복하네

신발공장에서 일하며 동생들 학비 보내던
억척스럽지만 마음 따스했던
누나를 기리는 '누나의 길'이 있어
젊음을 희생했던 수고를 기억하고 있지

경로 대잔치

요양원 계시는 어르신들 정성으로 모셔
경로잔치 연 시민회관 대강당

발달장애인 풍물패의 신나는 영남 사물놀이
투철한 봉사 정신과 친절함으로
요양원에서 애쓴 모범근무자 수상식
장수하신 어르신께도 장수상 드린다

가족과 사회를 위해 헌신했던 지난날
그 노고를 위무하고
활력있는 노후생활을 위한 한마음 대잔치
오랜만에 웃음꽃 입가에 피었네

노인학대 NO, 노인 존중 YES
신체구속 NO, 존엄 케어 YES

광안대교와 그 여자

나이를 가늠할 수 없는 여자
다리를 절룩이며 걸어간다

광안리 해변은 젊은이들의 천국
허공에서 수놓아 펼치는 드론 쇼의 장관
감성을 일깨우는 버스킹엔
노래가 끝날 때마다 박수의 물결

청춘의 추억이 새삼스러운 여자
볼링 게임에 감출 수 없는 흥으로
아쉬움에 흘리는 혼잣말
'다음에 또 와야지'

세월에 닳은 관절 반응하니
절룩이는 걸음 육신을 뒤따르고
주춤주춤 눈치 보는 나이

광안대교 너머 오작교에 별빛 반짝이면
여자는 아직도 꿈꾸는 직녀이다

천경자를 그리다

에밀리 브론테, 마가렛 미첼 등을 사랑하여
작가와 작품을 쫓아 길 떠나기도 하고
남국의 여인들을 화폭에 담아
흉내 낼 수 없는 독창성으로 묘사했던
예술가 그리고 여행가였던 천경자

'현실이란 슬퍼도
제아무리 한 맺힌 일이 있어도
그걸 삼키며 웃고 살아야 하는 것이다'
이렇게 의연하게 말했던 여자

고독이란 우물에서 예술작품을 길어 올리고
여성들이 좁은 틀 벗어나
자유로움을 개성으로 이끌어 준
어차피 부는 바람 위에 인생이 떠 있다던
가시덤불 현실을 딛고 시대를 앞서간 멋쟁이였다

자갈치 '효' 가요제에서

속세를 떠나도 모친이 그리우신지
한 스님이 나와서 '어매'를 구성지게 부른다

중생제도 하시랴 청소년 장학금 주시랴
본인 성불을 위한 정진하시랴
대중을 위해 노래 공양하시랴 바쁘시겠다

무대 입구 쪽 가판에서 인삼 튀김에 소주 한잔
자갈치상인회장의 노래는 덤이다

작년에 대상을 받은 이와 초대 가수들
막바지 흥을 돋우니
분위기에 취해가는 자갈치 효 가요제

부두에 정박한 원양어선들 끄덕거리는 박수
출항을 기다리는 한동안
뱃사람들 엄마 품 그리워 육지 멀미 중이다

서낙동강 사람들

제도 사람들 모인 축제 한마당에
비는 오락가락하고 주최 측은 우왕좌왕
모처럼 강만 쳐다봐도 기분 좋아라

우리 동네 행사만 하면 비를 초대하는지
'물안대복' 니 한잔해라
비가 오면 오는 대로 즐기는 거지

족구, 제기차기, 신발 던지기, 노래자랑
푸짐한 경품추첨에 기대는 솔깃한데
손자 손녀들 고삐 풀린 망아지로 뛰논다

어릴 적 자기 부모 얼굴로 나타난 옛동무
맥주 한잔으로 세월 거슬러
철부지 시절 뛰놀던 강물의 안부를 묻는다

하룻밤 묵계 默契

너럭바위에서 맑은 차 마시던 기억 더듬어
하룻밤 묵어가려 찾은
경북 안동시에 있는 보백당 종택이다

근처 보백당 김계행 선생과
응계 및 옥고를 봉향하는 묵계서원이 있고
만휴정에서 계류를 바라보면 심신이 맑아진다

골부리국이라 불리는 대표적 음식인 다슬기탕
하필이면 가는 날이 장날
안동 소고기국밥으로 대신한다

선현의 얼이 어린 전통문화 체험하며
지인들과 인생과 예술을 논하다 보니 이슥한 밤
겨울철 계곡은 선정에 들었다

자작나무숲

자작나무숲으로 걸어들어가면
한겨울 하얀 알몸으로 마중하는 당당한 그대
그 매력에 빠지지 않을 수 없어
나도 모르게 카메라 셔터에 손이 가는 금사빠*

무성했던 푸른 이파리 다 떨구고
회개하는 성자처럼 직립의 자세로 선 그댈
희롱하듯 안고 만지며
헐벗음의 의미엔 관심 없는 무심한 사람들

'은하수 푸른 밤' 6도의 막걸리 한 모금
술잔에 비치는 옛시인을 만날 수 있을까 하여
자작나무숲의 순수가 발효된
고졸한 낭만에 취해 시심이 자작거린다

* 금사빠: 금방 사랑에 빠지는 모습을 일컫는 은어

길 위에서의 사색

보경사 가는 길목 가지 굽은 소나무
몇백 년의 세월 나이테로 담으셨을 텐데
인간의 세월로 가늠하는 게 경망스럽다

먹감나무 차 판 위에 놓인 반야선차
다솔사 스님이 제다※※하신 귀한 차
까치가 어설피 법문 읊는 평화로운 풍경이다

파도 하얗게 부서지는 해안도로를 끼고
포항에서 영덕으로 가는 7번 국도를 내달려
백암온천 뜨거운 천연수에 몸을 담근다

강구시장 겨울철 별미 물가자미회에 곁들인 와인
잔에 넘실거리는 동해의 푸른 물결
석양빛 물드는 나이지만 내겐 고운 계절이어라

야외 문화콘서트

클라리넷 맑은소리가 정읍 하늘을 울리고
단풍 따라 물든 심금을 울려
일상의 자질구레한 시름에서 벗어난다

합창과 시 낭송, 노래와 톱 연주
가을 서정에 깊이 빠져든 낭만
빨갛게 물든 내장산 단풍보다 아름답다

'고마워요 행복합니다 왜 이리 눈물이 나요'
야외무대 객석에서 따라 부르는 노래
분위에 젖어 이미 가을을 닮아버린 사람들이다

부처바위 촛대바위 옥녀봉 전설 담은
풍경 사진 삼행시 노래자랑의 행복나들이에
둥지로 되돌아오는 발걸음이 아쉽다

오월의 산사에서

절 마당에 단 오색 연등 살랑살랑
오월 바람에 춤추는데
법당에 앉아 기도 삼매에 빠져든다

공양간에서 국수 삶는다고 바쁜 보살들
세속의 일 하루 제치고 동참한 도반들
보시에 어찌 경중이 있으랴

활짝 열어젖힌 법당문으로
솔향 스민 솔바람 드나들며 참배하니
여기가 도솔천이 아니려나

승학산 끝자락 산길을 오르니
낙동강 느릿느릿 바다로 향하고
마음은 어느새 명월산으로 향한다

낯선 그림자

회오리바람으로 거친 세상 떠돌다가
푸른 숲에서 명상에 든 은둔자
어떤 때는 파랑새로 날아왔다가
후투티추장새처럼 먼 곳으로 떠나는
역마살 운명의 영원한 방랑자

근접할 수 없는 낯선 그림자

갈대숲이나 오솔길 걷던 추억은
몽상인 듯 전생인 듯 아득하여라
그 그림자 쓸쓸해지면
판도라 상자 덮고 발길을 돌려
햇살 수놓는 길 찾아 걷는다

하얀 실루엣으로

다대항에서 감천항으로 가는 산길
하얀 목련이 3월의 봄을 밝히고 있다

잠시 느슨한 휴식을 취하던 선박들
'뚜웅' 뱃고동과 함께 캡틴은 떠났다

하루 이틀 사흘 나흘 닷새…
속절없이 멀어지는 희미한 실루엣

목련이 피기까지 일 년을 기다리듯
다시 돌아올 캡틴을 기다리는 여인들

망망대해 떠돌다가 산기슭 그리울 때
목련처럼 하얀 실루엣으로 찾아오겠지

2월 서면거리에는

부산의 12월 서면거리
노란 은행잎이 낭만으로 물들었다가
마지막 비행을 한다

아스팔트 위에 내려앉는 홑겹의 날개들
연인들의 눈빛마저
따뜻한 노랑으로 곱게 물든다

미용실에서 세월을 물들이며 보는
창가를 지나치는 사람들 얼굴의 무표정
가을의 연민이 밀려온다

20년째 이 거리를 지킨다는 원장
은행잎 같은 긴 금발과 모나리자의 미소로
12월 도심의 쓸쓸함을 달랜다

가족 단합대회

1차는 곱창전골에 소맥
2차는 양갈비에 소주
이미 양껏 배불러도 축제는 진행형

부드럽고 달콤한 아이스크림 한입 먹고
3차는 서울의 밤을 접수할까나

우려먹은 추억 곱씹어도 맛있고
코로나 물러나면 세계를 무대 삼아
글로벌 만찬 즐기자는 화기애애한 약속

자식들 재미있게 살라고
'여행 갈 때마다 애 봐줄게'
육아도우미 자처하는 호기로운 봉사정신

다음 날 아침 잔잔한 음악에
빵과 아메리카노 한잔
밤새 충전된 행복의 여운을 만끽한다

제3부

유랑하다가

길 위의 행복 1

탱자 같은 감들이 주홍으로 물드는 뜰
주인의 손길 기다리는지 왠지 쓸쓸하다
억새꽃도 저 홀로 피어 바람에 흔들리고
은행나뭇잎 노랗게 물들어도 외로워 보인다
거실에 계시는 달마대사님만
형형한 눈빛으로 집을 지키신다
'분노도 불안도 공포도 모든 것을 허로 돌릴 때
우리는 평안과 평화를 체험하게 될 것이다'
물방울 화가의 이 말을 음미하며
묵언수행 하던 벽난로에 나무를 넣어 태우니
그제야 훈훈한 공기 손님을 맞이한다
물방울 같은 자연으로의 회귀는 늘 뭉클하다

길 위의 행복 2

가을이 익어가는 제주도를 찾은 여인들
억새꽃 들꽃 돌담을 눈에 담으며
소녀 감성 되찾아 까르르 웃음이 헤프다

미술관을 찾아 그림을 감상하며
오랜만에 느껴보는 홀가분한 여유
잠시 상념에 잠긴 듯 호젓함을 즐겨본다

무를 채 썰어 무치고 생선 굽고
오로지 우리만을 위한 만찬을 준비하여
와인을 곁들이니 이 아니 좋을쏘냐

나지막한 오름에 별 따러 간 여인들
어릴 적 밤하늘에 별 헤던 추억까지 따서
설레는 맘으로 돌아오려나

길 위의 행복 3
  - 꽃의 미소

오월 초순 길을 나서면
찔레꽃, 아카시아꽃, 이팝꽃, 조팝꽃
데이지, 쪽 동백, 불두화, 층층나무꽃
청순하고 향기로운 미소
초록과 동무하여 우리를 초대한다

올해는 등꽃을 못 보는가 했는데
강원도 홍천에 가는 내내
넌출진 등꽃 실컷 보고 눈에 담으니
이런 호사가 따로 없다

지인의 삼백농장에 들렸더니
활짝 웃으며 반겨주는 하얀 백매화
주인장 부부 여기 꽃 대궐에서
건강과 행복, 두 마리 토끼 키우신다

길 위의 행복 4
― 백제의 미소

95년 만에 고국 땅에서 전시되는
일본으로 건너간 7세기 백제 불상
은은한 미소 머금고 계시네
백제 장인이 도달한 예술적 궁극의 경지
몸체가 지닌 조화로움이 신비하다

일본에서 유물 52점을 빌려왔고
미국이나 유럽의 해외 소장품이 47점
국내의 국보 1점과 보물 47점이 소개된
'진흙에 물들지 않는 연꽃처럼'
호암미술관 전시장에 발걸음하니 행복하다

만물을 살리며 흐르는 계곡물 소리
주주산방에서 밤새 들으며
떠나올 수 있어서 돌아갈 곳이 있어서
우리들 행복한 여정
감흥에 뒤척이다가 새벽잠에 빠진다

길 위의 행복 5
– 하늘재 눈길

그 누구의 손길이런가
체에 곱게 걸러서 골고루 뿌린
하얀 눈길에 발자국을 남긴다

고요한 산길에서 바람마저 하얀 침묵
새들 노랫소리도 끊긴 한적한 곳
나무의 긴 그림자만 사열하는
문경읍에서 관음리까지 연결된 고갯길

고구려가 남진할 때 중요한 거점이 되고
신라가 북진할 때 충주지방을 확보한 통로
마의태자 망국의 한을 품고 넘던 고갯길

역사의 회오리가 일었던 곳이지만
'걸어서 저 하늘까지' 노래를 흥얼거리며
하늘재에 조심조심 발자국을 남긴다

길 위의 행복 6
– 이화령을 잇다

한반도 등줄기 백두대간 이화령
1925년 일제강점기 때 단절된 후
87년 만에 다시 연결하여
민족정기와 얼 되살렸네

한강과 낙동강의 분수령이며
영남과 중부지방의 연결 지점
단절된 생태계와 국토 혈맥을 이어
민족 자존심을 다시 세운 복원 사업

4대강 국토 종주 새재자전거길
젊은이들 쌩쌩 달려가고 있는데
그분은 언제쯤
자유롭게 지나치시려나

길 위의 행복 7
– 문경 토끼비리[*]

문경 가은에서 내려오는 영강
문경새재에서 내려오는 조령천과 합류하여
산간 협곡을 S자 모양으로 흐르는
약 3km 정도의 하천 절벽의 벼랑길

조선시대 주요 도로 중 하나였던 영남대로
고려 태조 왕건이 남쪽으로 진군할 때
이곳에 이르러 길이 없어 난감해하다가
토끼가 달아나는 걸 따라가 찾았다는 길

오랜 세월 많은 발길에 닳은 토끼비리
마을의 아름다운 경관과 주변 풍광 품었네

* 비리: 강이나 바닷가의 위험한 낭떠러지를 말하는 벼랑의 사투리

길 위의 행복 8

영동에는 어떤 유적지가 있을까
낯선 지역 지나다가
세종 때 아악을 정리하신
난계 박연 선생 사당에 들려
흰 눈 쌓인 넓은 뜰을
감히 발자국을 남기며 걸어본다

우암 송시열 선생 유허비를 만난다
병자호란 후 낙향하여 학문에 정진하시다가
현종 때 좌의정에 오르신 공을 기려
이원면에서 2022년 10월 20일
탄신 415주년 숭모제를 올렸다

'넓은 벌 동쪽 끝으로 실개천이 휘돌아 나오고'
노래로도 유명한 시 「향수」를 쓰신
정지용 시인의 체취가 있는 문학관에 들러
마음속으로 낭송하니 감회가 새롭다

길 위의 행복 9
- 그의 여인을 만나다

대구 간송미술관을 찾아가
신윤복 그의 여인을 먼저 만났다

간송 선생께서 일제 탄압에 훼손된 정신
문화재를 통해 되돌릴 수 있다고
한 점, 두 점 사 모은 문화재들

6·25 때 품에 안고 피난길에 오른
유네스코 세계기록유산
국보 70호 훈민정음해례본 진본

온갖 진귀한 보물 관람도 뒤로 미루고
길게 줄 선 사람들 뒤에 서서
두근대는 가슴으로 그녀를 만나러 간다

풍류 세계에 몸담고 있어도
여린 듯 앳된 얼굴에 무심하고 그윽한 눈
누굴 기다리고 있는지 아련하다

길 위의 행복 10

'나를 즈려밟고 가시옵소서'
비에 젖은 낙엽이 처연하게 누워있다
아직은 고운 빛깔의 낙엽 위를
사뿐사뿐 걸어가는 흰머리의 소녀들

1950년대부터 비구니 절이 된 운문사
명성 스님께서 청춘을 바쳐 도량을 키우고
비구니 교육을 위해 승가대학도 설립하셨다

원광법사께서 화랑 교육의 지침 세속오계 짓고
일연선사께서 삼국유사 집필하신 유서 깊은 절

가을산에는 운무 낮게 깔리고
울긋불긋 단풍들은 이별을 고하며
나무의 품에서 떨어져
갈 곳 없는 그리움 허공을 휘젓다가
대지 위 낙엽 이불 펼치네

길 위의 행복 11
- 국민 가곡 보리밭

한국전쟁 중 부산 피난 시절
고향 잃은 서러운 가슴에
꿈과 희망을 주던 가곡 '보리밭'

소박한 음률에 애환이 담긴 노랫말
남녀노소 누구나 즐겨 부르는 노래
'보리밭 사잇길로 걸어가면
뉘 부르는 소리 있어 나를 멈춘다'

자갈치시장 뒤쪽 연안부두 보이는 곳에
이 노래비 있어서 가던 길 멈추고
나직이 따라 부르니 장단 맞추는 파도 소리

배고프고 힘들었던 지난한 옛 시절
노래비 근처 시름에 잠긴 자갈치아지매
한쪽 무릎 두 손으로 감싼 조각상

뿌우웅 뱃고동 울리며 여객선 떠나간다

길 위의 행복 12
– 소원마패

부산도시철도 1호선 남산역 8번 출구로 나와
동래 베네스트 CC 초입에 조성된 소원마패

'이곳에 숨어 있는 소원마패를 찾으시오'

지름이 10cm 정도 되는 동그란 구리 패에
말 그림이 10마리까지 새겨져 있다

인생의 장원을 이루어주던 소원마패
그냥 가만히 서서 소원을 빌고
혹시나 하는 마음으로 두리번거리는데
마을 사람들 힐긋 쳐다보곤 무심히 지나친다

길 위의 행복 13
- 외양포 사연들

외양포 포진지 가는 길에는
그 당시 일본군 막사 낡고 허름해도
한 지붕 세 가족이 살고 있단다
국방부 땅 불하받지 못해
울며 겨자 먹기로 고향 지키며 산단다

외양포 포진지 사령부 발상지 비는
1936년 6월에 세워져
해방 후 밭고랑에 처박혔던 것을
아픈 역사도 후손들이 알아야 한다고
포진지 앞에 세웠단다

물류 중심의 복합 기능을 가진
매립식 공항이 탄생할 가덕도에
역사의 그늘 드리워진 곳
신공항의 개항은 어떤 변화를
후손에게 안겨줄는지

길 위의 행복 14
- 가락산 국군묘지에서

6·25전쟁 당시 치른 고귀한 희생이여
처절한 전투로 붉게 물들인 낙동강은
이제 푸른 물결 넘실거리는 생명의 젖줄

해마다 6월 6일이면 잊지 않고
정성껏 제사를 지내는 가락동 주민들
시인들도 찾아와 목멘 추모 시를 낭송한다

대나무가 많아 죽도라고 불린 이 산은
임진왜란 때 일본의 본거지
그 당시 쌓은 성벽 일부가 흉터로 남아 있다

일제강점기 땐 이 땅의 쌀을 탐내
대꼬챙이로 수색해 제사용 쌀까지 공출하고
저 낙동강을 통해 바리바리 싣고 갔었지

길 위의 행복 15
– 제주도 살찐이[*]

제주도 어느 식당에서
옥돔구이 먹고 느긋하게 나오는데
손짓하는 살찐이를 만났다

옛날 일본 어느 집 고양이가 대문 밖에서 자꾸 손짓하는 바람에 주인이 이상하게 여겨 그 곁으로 갔더니 그 순간 집이 와르르 무너지고 주인은 무사했다는 일화로 그때부터 일본의 수호신이 된 고양이

식당에서 손님을 끄는 수호신으로 여긴 걸까
생선이 지천인 제주도 바닷가
살찐 살찐이가 양반걸음으로 어슬렁거리네

* 살찐이: 경상도에서는 고양이를 살찐이라 부른다

제4부

역사 속으로

역사 속으로 1
– 보각국사탑

중원지역 석조부도를 대표하는
국보 제197호 보각국사탑
조각 기법이 우수하고 건탑 연대를
알 수 있는 태극문이 주목된다

사리탑은 고려시대까지는 8각 원당형
조선시대에는 종 모양의 석종형 부도가 많다

태조의 스승이었던 보각국사
고려 우왕(1383) 때 국사가 되어
73세에 입적한 사실과
덕이나 지혜를 추앙하고 기리기 위해
왕명으로 보각국사비를 세운다는 내용
보각국사탑 비에 새겨져 있네

역사 속으로 2
― 경주 신문왕릉

신문왕은 문무왕의 맏아들로
부왕의 뜻을 이어받아
백제와 고구려와 융합하는 데 힘썼다
국학을 설립하여 인재를 양성
녹읍을 폐지하고 관료전을 지급
전국을 아홉 개의 주로 나누고
중요한 거점 다섯 곳에 소경을 설치하였다

무덤 둘레 돌은 벽돌 모양으로 다듬어
5단을 쌓고 그 위에 덮개돌을 얹었다
정남 쪽에 배치한 받침석의 윗부분에
무덤방으로 들어가는 입구라는 표시로
門자가 새겨져 있다

역사 속으로 3
- 경주 효공왕릉

효공왕은 헌강왕의 서자로
진성여왕 때 태자로 봉해져 왕위를 물려받았다
견훤과 궁예가 후백제 후고구려 세워
효공왕의 재위 기간에 침범하였다
이때 많은 성을 빼앗기고
연이은 실정으로 왕실의 권위를 잃었다

효공왕릉은 남산 동쪽의 낮은 구름에 있는데
무덤 가장자리 주변에 둘레돌 자연석 몇 개뿐
사자사 위치는 알 수 없지만
능 남쪽의 배반동 장골 삼 층 석탑이 있어
사자사 터로 보고 이곳을 효공왕릉으로 정했단다

전성기를 이루었던 신문왕릉 보다가
효공왕릉에 오니 생각이 많아지네

역사 속으로 4

백제 위덕왕은 554년 관산성 전투에서
아버지 성왕이 전사하는 등 위기를 맞았다
신라나 고구려와 경쟁하는 상황에서
위덕왕은 불교라는 사상체계와
사원 축조 기술을 일본에 전해줌으로써
일본의 지원과 협조를 얻으려고 하였다
백제 금동대향로가 발견된
능산리 사원을 건립하는 등
불교를 확산하는 데 노력을 기울였고
국제관계 개선 등으로 국가 위기를 극복했다
백제 기술자들이 일본에 파견되어 만든
본격적인 사원은 '아스카데라'가 최초였다

지금 나라현에 일본 최초 사원이자
일본 최초 기와집인 '아스카데라'가 있다

역사 속으로 5
– 신라의 여왕

신라 천 년 56대 왕 중에
선덕, 진덕, 진성여왕님 세 분 계셨다
첨성대 황룡사탑 분황사를 세운
선덕여왕은 오래전에 찾아뵈었고
오늘은 51대 진성여왕을 만나러 갔다
내비게이션의 안내를 따라갔는데도 끝내 못 찾고
진덕여왕이 계신 곳으로 발길을 돌린다
들길을 한참 달려 마을과 축사를 지나
야트막한 산기슭 소나무 숲에 계시네
선덕여왕의 사촌 동생 성골로서 마지막 왕인데
서라벌 중심에서 아주 떨어진 곳에 터를 잡았네

김춘수와 김유신 도움으로 왕위에 올라
관료와 군사 조직 정비하고
당나라 문물을 적극적으로 받아들였다는데
날씨 탓인지 쓸쓸해져서 옷깃을 여민다

역사 속으로 6
― 세심단속

경주 삼릉 망월사는 원효종이다
마음을 씻고 속세를 끊고 들어서는
세심단속문 앞에서 한참을 주춤거리며
경산에서 태어났다는 원효스님을 그린다

메마른 겨울바람 떠도는 거리를
1시간 달려 경산 환성사에 도착했다
신라 흥덕왕 때 심지왕사가 건립
극락정토에 사는 가릉빔가를 비롯하여
다양한 동물과 새와 꽃이 조각된
대웅전 수미단은 경북 유형문화재이다.

고요한 절 마당 하얀 잔설 위에
손가락으로 세심단속이라 쓰는데
원효대사님 일체유심조 찬바람으로 전하시네

역사 속으로 7
— 장미산성

충주 장미산에 예쁜 돌로 쌓아놓은 산성
수로와 육로교통의 요충지여서 삼국이 탐내
백제와 고구려 또는 고구려와 신라가
치열하게 전투하여 백제-고구려-신라
차례로 산성의 주인이 바뀌었다

이제 이곳도 역사의 뒤안길에서
변함없는 남한강 바라보며 평화롭다
동글동글한 돌멩이 쌓여있는 건
적을 물리치던 석환이란다
임진왜란 때 행주치마에 돌을 싸서
아녀자들도 나라를 지켰다는 그 석환

싸늘한 겨울바람 아랑곳없이
붉은 장미처럼 피어나는 기억들
역사를 품고 흐르는 남한강에 띄운다

역사 속으로 8
– 사도세자 아들

'사도'는 죄를 뉘우치고 일찍 죽었다는 뜻
정조께서 즉위와 함께 아버지에게
무인 기질을 지닌 총명한 사람을 뜻하는
'장헌'으로 존호를 올렸다
양주 배봉산에 있던 사도세자의 묘
수은묘를 영우원으로 격상한 뒤
화성 현륭원으로 천장하고
묘 덮개에는 '장헌세자 현륭원지'라 새겼다

현륭원 참배길에 정조는
아버지를 위해 군복을 입고 말에 올라
화성장대에서 야간 군사훈련을 지휘했다

생전에 사도세자 아버지를 염두에 뒀고
효자 정조는 사후 옆에 묻혔다

역사 속으로 9
- 금정장원길

황산도는 동래와 한양을 잇는 영남대로 중
동래~ 밀양 구간인데 영남 선비들이
대과급제 꿈을 안고 다니던 과거길
조선시대 과거는 3년마다 치는 식년시
특별한 경우에 실시되는 별시가 있었다
문과에 급제하려면 소과의
생원시나 진사시를 거쳐야 했다
과거는 조선 후기에 비리와 부정이 발생
공정성이 허물어져 갑오개혁 때 폐지되었다

시문에 능했던 이안눌은 범어사 고승과 교유
40여 수의 시를 남겼는데 그가 걷던 금정장원길
하정마을에서 상현마을까지다
역사가 깃든 1.2km 짧은 길 끝에
회동수원지 맑은 물이 나그네를 반기네

역사 속으로 10
― 탄금대

탄금대를 소유한 집안은
헌종비 효현왕후의 친정
세도 가문 안동 김씨 집안이다

충주시 칠금동 대문산 산정에 있는 탄금대
우륵이 가야금을 연주했다 하여 지어진 이름
탄금대 나루터에는 우륵이 제자에게
음악을 가르치다 쉬던 금휴포가 있다

효현왕후의 아버지 영흥부원군 묘는
탄금대에 있다가 가평으로 이장했는데
그의 조부 김지순과 그 후손들의 묘는
아직까지 탄금대 주인이 되어
흐르는 역사 지켜보고 있다고 하네

역사 속으로 11
– 소산 전투

1592년 4월 15일 오전
반나절 만에 동래성 함락시킨 왜군
황산도를 따라 서울로 진격했다
울분에 찬 의병들이 모여들었고
금정구 상현마을 출신 김정서가
의병장으로 추대되었다
소산고개에서 게릴라전을 벌인 의병부대
수십 명의 의병이 수백 명 왜적 무찌르고
창녕에서는 곽재우 의병장이 지원하였다
임진왜란 최초의 의병으로 평가받은 김정서
지금은 핏빛 역사가 세월에 지워지고
그의 활약도 사라진 길 따라 풍화되었다

역사 속으로 12
  - 천일각

하늘 끝 한 모퉁이 천일각
정조대왕과 형님 정약전을 그리며
이 언덕에서 강진만 바라보던 다산 선생

벗이요 스승이요 제자였던 혜장선사
그를 찾아가던 800여 미터 길에는
야생차 군락과 천연기념물 동백숲이 있다

벗 될만한 이가 없던 궁벽한 바닷가에서
해남 대둔산 출신의 뛰어난 학승
혜장 스님은 다산 선생에게 청량제 같은 존재
학문을 토론하고 시를 지으며 차를 즐긴 두 사람

우리도 역사와 예술을 공유하는
길 위의 행복을 오래 즐기고 싶어라

역사 속으로 13
- 추사의 유배 생활

낯선 풍토 잦은 질병 견디기 힘든 외로움 속에
제주 사람들이 배움을 얻으려 몰려들었고
추사 선생님께서 제주 인문이 무지함을 안타깝게 여겨
제자들을 적극 교육하였다
이에 제주 인문이 열려 서울의 기품이 있게 되었다

제주 환경에 적응한 추사 선생께서
제주의 특산품인 귤의 지조와 덕을 칭송하고
수선화의 아름다움을 노래하였다
자신의 당호를 귤밭의 집, '귤중옥'이라 지었다

제자였던 강위는 유배된 추사의 모습을
'달팽이 집에서 10년간 가부좌를 트셨다'라고 묘사했고
제주 유배 막바지에는 제주목사의 배려로
한라산과 제주읍 경내를 답사하기도 했다

역사 속으로 14
— 추사의 또 다른 자화상

'날씨가 추워진 다음에야
소나무와 측백나무가 시들지 않음을 안다'
간결한 화면구성 거친 초묵의 필치로
차갑고 황량한 겨울 분위기를 표현한 세한도

권세 부귀 모두 잃은 추사에게
제자였던 역관 이상적이 제주도에 유배된 스승에게
틈틈이 보내준 서책에 대한 보답의 세한도

세한도를 받은 이상적은 감격하여
청나라 문인들에게 '청유 16가의 제찬'이란 감상평을 받았다
광복 이후 오세창, 정인보, 이시영의 발문을 추가
일제강점기라는 세한의 시련을 견뎌낸
독립운동가들 송백 같은 마음을 기린 세한도

역사 속으로 15
– 제주 항파두리 항몽유적

몽골에 대항한 고려 삼별초의 마지막 항전지
최영 장군에 의해 몽골인들이
제주도에서 완전히 토벌될 때까지
100여 년 원나라의 직할지로
일본과 남송공략을 위한 전략지로 이용되면서
제주도민들은 말할 수 없는 고초를 겪었다

원나라 군사들은 여기 처녀들과 결혼해
그 후세들은 이미 대한민국 국민이 되었다

세계 강대국이었던 원나라와 끝까지 항전한
고려 무인들의 드높은 기상과 호국 결의를
오늘날 후손들에게 전하는 '항파두리 항몽유적'

그들의 피땀 어린 땅에서 먼 하늘 응시하다가
숙연한 마음으로 차 한잔 올린다

제5부

죽비소리

자명종 소리

잔잔한 꿈의 바다에 밀려든
거친 파도의 격정적인 요동
눈을 떠라
의식의 부표를 잡아라
무의식의 표류를 멈추어라
잠결에 듣는
쿵쿵 두드리는 강렬한 소리
몽환의 시간을 떨쳐내라고
새날이 시작되었음을 알린다

나도 누군가의 꿈을 일깨워주는
자명종 같은 사람이 되고 싶다

쌍지팡이

오랜 세월 불법의 길 따르는 보살님들
알고 행하여 자신과 타인을 위하는
지와 행이 온전한 명행족 닮았어라

불심과 시심 가졌으면 쌍지팡이인데
아직은 온전치 못해 센 바람에는 흔들린다

현대인의 조각보

진심을 살갑게 감싸던 조각보
예술품으로 전시되어 멀리 있고

손쉽게 사용하고 버리는
현대인의 조각보
비닐봉지가 구석구석 나뒹군다

썩지 않는 흉물스러운 쓰레기
편리함의 대가로
지구촌은 곳곳에서 몸살 중이다

명호명상

소리는 파동을 만들어서
외부로 퍼지지만 신체도 진동시킨다
특정 명호를 반복하면
인체도 진동을 공명한다
신기 먼저 움직이고 혈맥이 응하고
뼈도 따라서 응한단다

'말이 씨가 된다' 속담처럼
괜찮아, 문제없어, 잘될 거야
늘 긍정적인 자세를 유지하면서
일상의 소박한 꽃 피우며 살겠지

49재

돌아가신 분 천도를 위한 49재도 있고
산 사람을 위한 미리 닦는 예수재도 있다

영천시 어느 절에서 축생법당을 열어
반려동물 49재와 천도재를 지낸다
개와 고양이 사진이 걸려 있는 축생법당
반려동물 상실로 인한 우울감 극복하는데
천도재가 많은 도움이 된단다

젊은이들이 과도하게 반려동물에 올인하면
저출산 원인이 된다니 걱정이다
어느새 유모차보다 개모차가 많이 팔린다네

깨어나라

훗날 눈 감을 때 여한이 없도록
오늘 하루 잘 보내야 하리
가끔 수렁에 빠질 때도 있지만
얼른 빠져나와
다독다독 몸과 마음을 추스린다

어쩌면 별 탈 없이
기도와 취미생활 한다면
복된 삶이 아닐까

오랜만에 지인들과 곡차 한잔하는데
삼지창을 든 포세이돈이 그려진
'깨어나라' 술 깨는 음료
술 홍보하는 알바생이 건네준다
취하려고 마시는데 깨어나라고?

소소한 행복

잠깐 틈내어 동네 찻집에서
마카롱 하나와 아메리카노를 시킨다
젊은이 노랠 들으니 기분도 젊어지네
쓴 커피 한 모금에 달달한 마카롱 한입
주어진 하루의 짐 가볍게 하는
혼자 즐기는 일상 속의 소확행

3월 봄바람 연둣빛 왈츠를 추다가
하얀 목련꽃 그늘에 숨어 무얼 하시나?

포노 사피엔스

우리는 놀이하는 인간 호모사피엔스
그런데 요즘은 어울려 노는 것보다
혼자 스마트폰 가지고 노는 사람이 많다
이런 사람을 신인류 포노 사피엔스라 한다
4차 산업혁명의 시대는 이들 손에 달려 있다
단순한 재미만으로 비즈니스가 되는
유희적 소비로 '부의 중심'이 이동하고 있단다

나도 TV에서 보는 드라마 연속극보다
핸드폰으로 시청하는 1시간짜리 유튜브가 좋다
나도 스마트폰이 낳은 신인류인가?

일상의 파수꾼

평생 제자리 지키며 사는 나무
사람들도 주어진 삶 지키느라 힘들다
간혹 뿌리째 뽑힐 때도 있는데
그땐 평범한 일상이 얼마나 소중한지
새삼 깨닫는다

성공이란 하늘의 별을 따거나
돈을 쌓아놓고 혼자 웃는 것보다
주위 사람들과 같이 먹고 즐기며
소박한 일상 무탈하게 지키는 일 아닐까

속셈

너스레의 친밀
나름의 속셈하는 빤한 눈치
치레의 대화로 얼추
서로의 자존심을 충족시킨다

본전이면 다행일 이해타산
돌아서면 그 셈이 야속하다

적당한 위로에 한풀 꺾이는
자기합리화
종종 살아갈 구실이 되곤 한다

# 멋진 인생

겉멋만 들어도 멋없고
물질 지향적 삶도 멋없고
권력 따르는 해바라기의 삶도 멋없고
명예에 집착하는 인생도 멋없어라

과학자, 예술가, 스포츠맨, 농부, 어부…
다들 보람된 삶 살고 있지만
자기 자리 잘 지키는 보통 사람
아름다운 한 송이 꽃이어라

들꽃

넓은 들에서 땀 흘리는 농부들에게
은은한 향기로 노고를 위무하는 꽃무리
작지만 소중한 씨앗 뿌리내리고
꽃 피워 수줍게 웃는다

세세손손 미래를 소망하며
여린 열매 가을 햇살에
가슬가슬 야물게 익혀
품 안에서 떠나보낼 날을 기다리네

기억 속의 기도

30대에 자나 깨나 지장보살 기도
지장보살 지장보살 지장보살…
꿈에서도 마구니 물리치고
놀랄 땐 지장보살 저절로 읊는다

40대엔 매일 올린 108배
몸과 마음이 단단해지는 108배
3000배를 7번이나 한 건 자식을 위한
어미의 간절함이었다

50대 이후엔 한자로 사경하는 반야심경
여가가 나면
노는 입에 반야심경 염불하느라
구업 짓는 일도 뜸하다

달마산 바위

달마산에 계시는 바위 님께서 정진 중이다
낮달이 떠 있는 적요한 가을날
아슴아슴한 하늘에 비행기 지나가고
산마을 지키는 개 한 마리
천천히 차 곁을 지나간다

하늘 뿌리 신령스러운 바위에 휘감고
대둔산까지 기백을 뻗치는 달마산
충만한 기운으로 삼면 바다를 타고
보살님들 키우는 미황사 품에 안고
깨끗하고 신성한 기세로 하늘 높이 솟았네

가이아

그대는 만물의 어머니
신의 알을 부화시키고
초록으로 빛나는 우주의 별

나무가 미풍에 춤을 추며 하는 말에
사람들은 가만히 귀를 기울인다
'나의 뿌리는 여신의 젖을 먹고 자라고
나의 날개는 천공을 향해 뻗는다'

상처투성이가 된 가이아 님을 위해
히포크라테스 정신이 하나 둘…
새로운 초록 물결을 일으킨다

생을 탁본하다

사람의 얼굴은 그 심성의 탁본
나이 들어 갈수록
희로애락으로 깊어지는 인생의 주름

반세기 지나 초등학교 동창회에 오니
옛적 얼굴 위로 세월 스쳐 간 흔적들

마음 잘 닦은 사람들은
세월 갈수록 얼의 꼴 맑아져서
꽃보다 더 고운 단풍잎 같다던데
내 인생을 탁본한 나의 얼굴은?

● 에필로그

아이슬란드에 가다

● 에필로그

아이슬란드에 가다

북유럽으로 향하는 여행길

2월 22일 토요일 오전 11시, 부산에서 인천공항까지 향하는 버스에 몸을 실었다. 도착하는 6시간 동안 설렘 반, 피로 반의 어중간한 감정 속에서 인천공항에 도착했다. 헬싱키행 비행기를 타기까지 또 6시간 정도 기다려야 했는데 그동안 나름 해외여행으로 익숙해진 탑승 대기 시간이기에 일행들과 저녁을 먹고 짐 부치고 담소 나누다 보니 지루할 틈도 없이 시간이 흘러 북유럽으로 향하는 여행길에 대한 흥분된 기분을 만끽하며 출국장을 나선다.

헬싱키까지 13시간 40분, 그리고 다시 레이캬비크까지 3시간 55분. 긴 비행을 마치고 마침내 아이슬란드에 도착했다. 우리나라와는 9시간의 시차가 있기에 피로가 몰려왔지만, 이국적인 풍경에 대한 기대감이 더 컸다.

1. 아이슬란드의 수도 레이캬비크(Reykjavík)

레이캬비크(Reykjavík), 아이슬란드의 수도로 인구는 10만 명 남짓에 불과하지만, 예상보다 훨씬 화려한 색감이 도시를 감싸고 있었다. 알록달록 원색으로 칠해진 건물들과 해안가를 따라 늘어선 주택들, 그리고 자연과 조화를 이루는 풍경은 북유럽 특유의 정취를 고스란히 전해주었다.

도시를 거닐다 보면 아기자기한 상점들과 카페가 곳곳에 자리잡고 있어 골목골목을 탐방하며 새로운 장소를 발견하는 즐거움은 여행의 묘미라 하겠다. 우리 일행은 가이드의 안내로 레이캬비크 랜드마크 중 하나인 할그림스키르캬(Hallgrímskirkja) 교회에 갔는데 이 교회는 아이슬란드의 풍경을 대표하는 현무암 기둥과 빙하, 산을 디자인하여 세웠다는데, 언뜻 보면 마치 이륙을 준비하는 로켓 같기도 하다.

루터교(아이슬란드 국교) 교회이자 레이캬비크 교구의 본당인 이 건물은 1945년에 건축이 시작되어 1986년에 완공되었다고 한다. 건물의 높이는 75m로 이 도시에서 가장 높은 건물이기에 교회 내부에 있는 리프트를 타고 올라가면 시내를 볼 수 있는 전망대가 있고 또 독일의 오르간 건축가인 요하네스 크라이스가 설계한 높이 15m의 파이프오르간은 이 교회의 자랑거리로 종종 연주회가 열린다고 한다.

조금 더 걸어가니 유명한 건물 하르파 콘서트 홀(Harpa Concert Hall)이 있었다. 도심의 중심부에 위치하여 콘서트 및 수많은 공연과 국제회의 등이 열리는 곳인데 건물 전체가 유리로 덮여 있는 벌집 모양의 독특한 외형의 콘서트홀로 총 4개의 홀을 가지고 있으며 최대 수용인원은 1,800여 명이며 건축 부분에서 다수의 수상 경력이 있는 명소이다.

유리 패널이 빛을 반사해 마치 오로라처럼 반짝이며, 시간과 날씨에 따라 색이 변하고 밤에 LED 조명이 들어오면 마치 빛나는 보석처럼 변한다고 하는데 일정상 기약할 수 없는 다음으로 미루고 레이캬비크 남쪽의 낮은 산 위에 자리한 아이슬란드의 자연을 느낄 수 있는 펠란(Perlan) 박물관으로 향했다.

펠란박물관에 가서 화산이 터져 마그마가 흘러내리는 모습을 영상으로 보며 불과 얼음의 나라 아이슬란드의 면목을 살핀다. 1991년에 세워진 펠란은 4백만 리터의 온수를 보관할 수 있는 6개의 탱크와 거대한 유리 돔을 구성하는 강철 프레임은 속이 빈 형태로 겨울에는 뜨거운 물이, 여름에는 차가운 물이 통과하는 거대한 라디에이터 역할을 한다는데 자연 친화적인 에너지 활용이라 하겠다.

세계 최초로 350만 톤의 눈으로 지어진 100m에 이르는 인공얼음동굴, 아이슬란드의 대표적 음악가들의 음악과 함께 오로라의 장관을 체험할 수 있는 영화 상영관이 있었다.

점심은 중국 레스토랑에서 간단히 해결한 뒤, 저녁에는 2시간을 이동해 헬라의 호텔에서 현지식 양식으로 먹었는데 밤새 속이 느글거려 이른 아침에 컵라면에 누룽지를 넣어 뜨거운 물을 부어 먹으니 느끼하던 속이 다 풀리는 꿀맛이어서 입맛만큼은 여행의

경험과는 별개인가 보다.

2시간 정도 휴식을 취한 후, 조식으로 샐러드와 과일, 커피를 마시며 다음 일정을 점검했다.

2. 신비롭고 웅장한 폭포들

오늘은 폭포 두 군데와 검은 모래가 깔린 해안으로 가는 코스이다. 첫 번째 목적지인 셀야란즈포스S(eljalandsfoss) 폭포까지는 약 30분이 걸린단다. 가는 길에는 넓은 목장에서 말들이 한가롭게 풀을 뜯는 목가적 풍경이 연이어지는데 이곳의 말들은 우리가 흔히 아는 말보다 작고 다부져 보였으며, 얼굴이 귀엽고 다리가 짧고 통통한 모습이 인상적이었다. 말갈기의 색깔만 해도 200여 가

지나 된다고 하니 그 다양성에 놀라웠다. 말을 타고 산책하는 사람들의 여유로운 모습이 한 폭의 그림 같아 눈에 담는다.

 오늘 첫 번째 방문지인 신비로운 폭포 세야란즈포스는 마치 화살처럼 힘차게 떨어지는 물줄기가 장관을 이루는 곳이다. 폭포 가까이 다가가기 위해서는 비옷과 아이젠이 필수였지만, 나는 멀리서 바라보며 그 웅장함을 감상하는 것으로 만족했다. 높이 약 65m의 폭포 뒤편에는 사람들이 걸을 수 있는 공간이 있어 폭포의 천둥 같은 소리를 가까이서 체험할 수도 있었다. 일행 중 젊은 팀들은 단단히 채비했음에도 물보라에 볼이 얼얼하다고 너스레의 경험담을 늘어놓는다.

 다음 코스의 폭포는 스코가포

스(skogasfoss)이다. 높이는 셀야란즈포스와 비슷하지만, 높이 60m에 폭이 25m에 이르는 웅장함이 있었다. 강력한 물줄기에서 뿜어져 나오는 물보라가 무지개가 만들곤 하는데 자주 쌍무지개가 또 더 신비하다고 한다. 나도 사진을 찍어 보았는데, 햇살에 반짝이는 물보라가 무지갯빛으로 빛나는 모습이 환상적이었다. 이 폭포 뒤에는 바이킹들이 보물을 숨겼다는 전설이 전해져 더욱 신비로운 분위기를 자아냈다. 이러한 매력 덕분에 스코가포스는 드라마나 영화의 단골 촬영지로도 유명하단다.

3. 불과 얼음의 나라

아이슬란드는 불과 얼음이 공존하는 나라였다. 하지만 이곳 사람들은 언제 화산이 폭발할지 모른다는 스트레스에 시달리기보다는, '다 잘될 거야'라는 긍정적인 마음가짐으로 살아가는 듯했다. 과거 바이킹들이 이 땅에 도착했을 때, 곳곳에서 뜨거운 연기가 솟아오르는 모습을 보고 '연기가 피어나는 만'이라는 뜻으로 '레이캬비크(Reykjavik)'라는 이름을 붙였다고 한다.

2008년 경제 위기로 어려움을 겪었던 아이슬란드는 2010년 화산 폭발로 인해 유럽 전역의 항공편이 마비되는 사태를 겪기도 했다. 그러나 이 자연재해는 역설적으로 아이슬란드의 아름다운 풍경을 전 세계에 알리는 계기가 되었고, 이후 관광산업이 급성장하며 경제가 활성화되었다. 이제는 오로라를 보기 위해 이곳을 찾았다가, 그 이상의 매력을 발견해 다시 방문하는 여행자들이 많아졌다고 한다.

  점심은 현지 식당에서 간단히 해결했다. 다진 고기를 넣은 햄버거와 감자튀김으로 요기를 한 후, 비크와 검은 해안으로 이동하기 위해 차에 올랐다. 햇살이 따갑게 내리쬐어 추위에 대비한 두터운 외투를 벗으니 따스한 햇살이 온몸을 감싸 한결 가벼운 기분이 들었다.

4. 작은 마을 '비크 이 뮈르달(Vik I Myrdar)'

  비크(Vik)는 아이슬란드 최남단에 있는 작은 마을로 정식 명칭은 '비크 이 뮈르달(Vik I Myrdar)'이다. 인구는 750명 남짓이었지만, 검은 모래 해변과 퍼핀 서식지로 인해 많은 관광객이 찾는 곳이었다. 비크에서 남극까지 이어지는 북대서양을 가로막는 땅이 없기에 바다가 거칠고 커다란 파도가 용틀임하는 곳이다. 검은 현무암 모래로 뒤덮인 해변과 주상절리로 이루어진 동굴은 독특함으로 감탄을 자아내게 하는데 '꽃보다 청춘'이란 TV프로에 방영된 곳으로 현지인들이 추천하는 관광명소이기도 하다.

  해안가에는 65m가 넘는 현무암 기둥들이 서 있는데 전설에 의하면 이 기둥들은 트롤들이 변한 것이라 한다. 배를 타고 기둥 근처에 가면 동트기 전에 해안에 도달하지 못하고 햇볕을 받아 돌기둥으로 변해버린 트롤들의 울음소리를 들을 수 있다고 한다. 말갈기를 휘날리며 달려오는 성난 말 떼처럼 포효하는 파도 소리가 경이로워서 동영상으로 찍지만 강렬하고 장엄함을 담기엔 모자라 아쉬움이 크다. 여기 사람들은 요정이란 존재가 진짜로 있다고 믿는데 트롤이란 우리나라의 도깨비와도 같은 친근한 존재가 아닐까 싶다.

바람에 물갈기 휘날리며
떼 지어 달려드는 성난 파도들
'진격하라'
허공을 가르는 우렁찬 명령에
온몸 하얗게 불사르며 흑사장 접수한다
돌창을 굳세게 잡고 수비하는
정예부대 주상절리 앞에서
용감하게 물보라로 산화하는
바다의 용사, 파도여!
북대서양을 거침없이 달려 온
그 기백에 놀라 흩어지는 사람들
아직 살아서 이 땅을 지킨다는
트롤* 울음소리 귓가에 쌓이는데
철새처럼 왔다가 뒤돌아서는 나그네들

* 트롤: 아이슬란드 요정

— 졸시 「아이슬란드 바다의 용사」

호텔에 가기 직전 용암 필드에 갔다. 바위라 하기엔 작은 돌 알이 이끼를 덮어쓰고 넓은 들에서 꿈꾸듯 웅크리고 있다. 제주도가 화산섬이듯 여기에도 온통 화산이 폭발한 흔적을 원시 그대로 간직한 체 언제든 다시 분화할 조짐을 숨기지 않는다. 지구가 그저 무생물 땅덩어리가 아니라 저 깊은 내부에서 뜨거운 생명 꿈틀대다가 한 번씩 큰 날숨을 뿜어내며 세상을 놀라게 한다.

5. 빙하의 계곡물 소리

아이슬란드에서의 네 번째 날은 유럽에서 가장 큰 빙하인 스비나펠스요쿨(Svínafellsjökull)을 찾았다. 이곳은 화산 폭발로 인해 떨어진 화산재로 검게 물든 빙하가 인상적인데 마치 다른 행성에 와 있는 것 같아 영화 인터스텔라와 왕좌의 게임 촬영지로도 유명하며, 빙하 투어의 명소로 손꼽힌다. 아이슬란드의 산에는 나무가 자라지 않고, 산 아래쪽에 키 작은 나무가 간간이 보이고 바위들은 이끼를 덮어 신비로운 분위기를 자아냈다. 빙하에서 녹아 흐르는 계곡물 소리를 동영상으로 담고, 바위 틈새에 피어난 바위꽃을 찍으며 자연의 황량함 속에서도 생명의 아름다움에 매료되었다가 이동해 풍경 좋은 식당에서 점심을 즐기고, 호수가 보이는 설산까지 산책하며 아이슬란드의 대자연을 만끽했다.

다음 목적지인 호수에 빙하가 떠다닌다는 요쿨살론(Jökulsárlón)으로 향한다. 아이슬란드 남부에 위치한 요쿨살론은 바트나요쿨 빙하가 녹아 형성된 라군이다. 호숫가에 길게 뻗은 모래사장 위로 얼음덩어리들이 햇살 아래 눈부시게 빛나서 다이아몬드 해변이라 불린다. 귀여운 물개와 다양한 새들을 관찰할 수 있는데 제임스본드의 007이나 배트맨 등 수많은 유명 영화가 여기서 촬영될 정도로 경이롭다.

해변에 밀려온 얼음덩어리들은 마치 자연이 만들어 놓은 설치 예술품처럼 보였지만, 차가운 바람 속에서 오래 머무를 수 없어 몇 장의 사진만 남기고 서둘러 차에 올라타고 숙소로 돌아왔다.

6. 초록요정 오로라

저녁 8시경, **빽빽**한 일정에 잠시 피로를 녹이고 있는데 누군가 오로라가 나타났다는 소식을 전해 급히 외투를 걸치고 밖으로 나섰다. 하지만 맨눈으로 보이는 것은 희뿌연 띠뿐, 초록빛으로 발광하는 오로라는 보이지 않았다. 실망하던 순간, 핸드폰 카메라 액정 속에서 신비로운 초록빛 오로라가 펼쳐졌다. 마치 초록 선녀의 날개 옷자락이 하늘거리는 듯한 모습은 육안보다 마음으로 느끼는 것이 오로라인가 싶었다.

> 오로라가 나타났단다
> 얼른 나가 올려다본 밤하늘
> 희뿌연 띠만 보일 뿐
> 초록빛 오로라는 술래가 되었네
> 핸드폰을 켜서 찍어 보니

> 초록 선녀의 날개옷 자락인가
> 샤랑샤랑 밤하늘에 하늘거리네
> 맨눈으로 볼 수 없는
> 아른거리는 신비한 초록 요정
>
> 다음 날 아침 흰 눈이 내린다
> 초록 선녀 긴 휴가 즐기라고
> 온 천지에 흰 눈 뿌리는 고마운 손
> 우리도 영화 속 주인공 되어
> 하얀 풍경 속으로 사라진다
>
> ─졸시 「초록 요정」

다음 날 아침, 창밖을 보니 온 세상이 하얀 눈으로 덮여 있었다. 거뭇한 돌들도 모두 흰 면사포를 두르고, 나무들은 눈꽃으로 장식된 듯했다. 골든서클(Golden Circle)로 이동하는 몇 시간 동안 아이슬란드의 이국적인 음악을 들으며 영화 같은 풍경 속을 달리다 보니 영화 속 주인공이 되어 꿈길을 날아가는 듯한 상상에 빠져든다. 기대를 안 했는데 이런 환상의 세계를 경험하다니, 감동으로 온몸이 전율한다.

광활한 대지를 비추는 화면은 계속 바뀌고 어디선가 산타할아버지께서 녹지 않는 행복이라는 선물을 안겨주실 것 같은 몽환적인 풍경들, 고요한 세상에 성자처럼 명상에 든 나무를 보며 그들과 함께 이곳에 뿌리내리고 살아보고 싶은 생각이 든다.

'흰 눈은 푹푹 쌓이고/ 나는 나타샤를 생각하고/ 나타샤가 아니 올 리 없다' 백석 시인처럼 누군가를 기다리는 사람들은 하얀 선정의 세계에 소리 없이 빠져든다.

7. 세계 10대 폭포 굴포스(Gullfoss)

시나브로 목적지에 당도하니 세계 10대 폭포에 포함되는 3단으로 이루어진 굴포스(Gullfoss)폭포가 우리를 마중한다. 도착하기도 전에 지축을 울리는 폭포 소리가 수 킬로미터 밖에서도 들렸다. 이곳 역시 가까이서 보고 싶은 사람은 우의가 필요하고 근접 촬영은 방수 장비로 카메라를 감싸야지만 비 오듯 떨어지는 물보라 세례를 견딜 수 있다. 맑은 날이면 무지개가 뜬다는데 오늘은 흐린 날씨가 살짝 아쉬웠지만, 자연의 위대함이 인간의 자만을 타이르는 듯한 위용 앞에서 겸허해지는 마음을 자연스레 느껴보기도 했다.

뜨거운 물을 뿜어내는 간헐천으로 가던 중 잠시 말 농장에 내려서 말사탕을 주며 사진을 찍는 잠시의 달콤한 여유를 즐긴 후 게이시르(Geysir) 간헐천으로 이동했다. 이곳은 지열 활동이 활발한 지역으로, 몇 미터에서 최대 170m 높이까지 뜨거운 물을 뿜어내기에 가까이 가면 화상을 입을 수 있어 조심해야 했다. 화산 국가인 아이슬란드는 대지 깊은 곳에서 끊임없이 마그마가 꿈틀거리는 곳이다.

하얀 수증기가 자욱한 지역을 벗어나 다음 코스인 씽벨리르국립공원(Þingvellir National Park)으로 갔다. 아이슬란드 남서쪽에 위치한 이곳은 세계 최초의 의회가 열린 화합의 장소로 930년에 바이킹들이 말을 타고 이곳에 와 의회를 구성하고 국가를 수립하였다고 한다.

이곳엔 아이슬란드에서 가장 큰 호수인 싱발라반(Þingvallavatn) 호수가 있고 옥사라강이 공원을 가로지른다. 유라시아판과 북아메리카판이 만나는 지질학적으로도 중요한 지역으로 두 대륙이 해마다 2cm씩 벌어지는 협곡을 따라 걸으며 장대한 자연의 힘을 실감했다. 1928년에 국립공원으로 지정되었고 2004년 유네스코 세계유산으로 지정된 이곳은 자연과 역사가 조화를 이루는 특별한 장소였다.

　호텔로 돌아오기 전에 기념품 가게에서 판쵸를 샀다. 비옷이 제법 튼튼해 보여 유로화로 계산하고 거스름돈을 이 나라 동전으로 주기에 받아보니 동전 5개마다 생선이나 게 등 바다 생물이 새겨져 있어 화산섬이라 바다의 영향이 밀접하게 생활과 연결되어 있음을 느낀다.
　연어요리는 질릴 정도로 자주 먹어서 오늘 저녁은 야채만 조금 먹고 방으로 와서 컵라면을 먹으니 속이 좀 진정된다.

8. 노천 온천욕
　어느새 마지막 날 여행 일정으로 노천 자연수의 온천욕 체험이다. 음료수 한잔과 머드팩이 제공되고 음료수는 쥬스와 와인, 맥주 등이 있는데 나는 화이트와인을 주문해 한 손에 들고 먼 곳까지 나비처럼 나폴나폴 걸어보았다. 머드팩 한 번에 바위가 있는 경계선까지 갔다 오기를 되풀이하며 3시간 정도 온천물에 몸을 담그니 그동안의 여독이 말끔히 씻기는 듯하다.

'불과 얼음의 땅'이라는 별명이 어울리는 아이슬란드. 지하에는 뜨거운 마그마가 끊임없이 꿈틀거리며 열기를 뿜어내고 지상에는 만년설이 뒤덮은 땅, 이곳은 특히 푸른 물빛을 자랑하는데 이 물빛은 빛의 산란뿐 아니라 물속에 섞인 화산 가스 성분 때문으로 인체에는 이로운 작용을 한다고 한다.

온천욕을 다 끝나고 나서 저녁으로 블루 라군에 있는 레스토랑에서 현지식 양식을 먹었다. 빵과 스테이크, 후식을 맛있게 먹은 후 호텔로 돌아와 가방을 싸며 마지막 밤을 룸메이트와 아이슬란드 여행에 대한 감회를 나누었다.

처음엔 황량한 대지와 검은 화산암뿐이었지만, 밤에는 귀한 초록빛 오로라를 보고, 예상치 못한 폭설로 설국의 정취를 느꼈으며, 폭포의 물보라 속 무지개는 잊지 못할 경험이었다. 가이드의 말처럼, 우리는 아이슬란드에서 볼 수 있는 모든 것을 본 축복받은 여행자였다.

날씨가 궂으면 발이 묶일 수 있는 거친 원시적 자연이 주는 매혹적인 감동으로 며칠 고립되고 싶기도 했던 아이슬란드에서의 기억은 내 삶 속에 탁본 되어 오래 간직될 것이다.

| 손순이 시집 |

인생을 탁본하다

발행일 | 2025년 5월 20일

지은이 | 손순이
펴낸이 | 최장락
펴낸곳 | 도서출판 두손컴
주   소 | 부산광역시 부산진구 부전로 35, 301호(부전동, 삼성빌딩)
전   화 | (051)805-8002 팩스 : (051)805-8045
이메일 | doosoncomm@daum.net
출판등록 제329-1997-13호

ⓒ손순이 2025
값 12,000원

ISBN 979-11-91263-94-7 03810

*저자와 협의에 의해 인지를 생략합니다.
*잘못 만들어진 책은 바꾸어 드립니다.

본 도서는 2025년 부산광역시, 부산문화재단 〈부산문화예술지원사업〉으로 지원을 받았습니다.